S. FISCHER

Olga
Martynova

SUCH NACH DEM NAMEN DES WINDES

Gedichte

S. FISCHER

MIX
Papier | Fördert gute Waldnutzung
FSC® C014496
FSC
www.fsc.org

Erschienen bei S. FISCHER

Hedderichstr. 114, D-60596 Frankfurt am Main

Satz: Fotosatz Amann, Memmingen
Innenabbildung: Magdalena West, Leipzig
Druck und Bindung: GGP Media GmbH, Pößneck
ISBN 978-3-10-397520-8

Für O. J.

VU NEMT MEN A BISELE GLIK

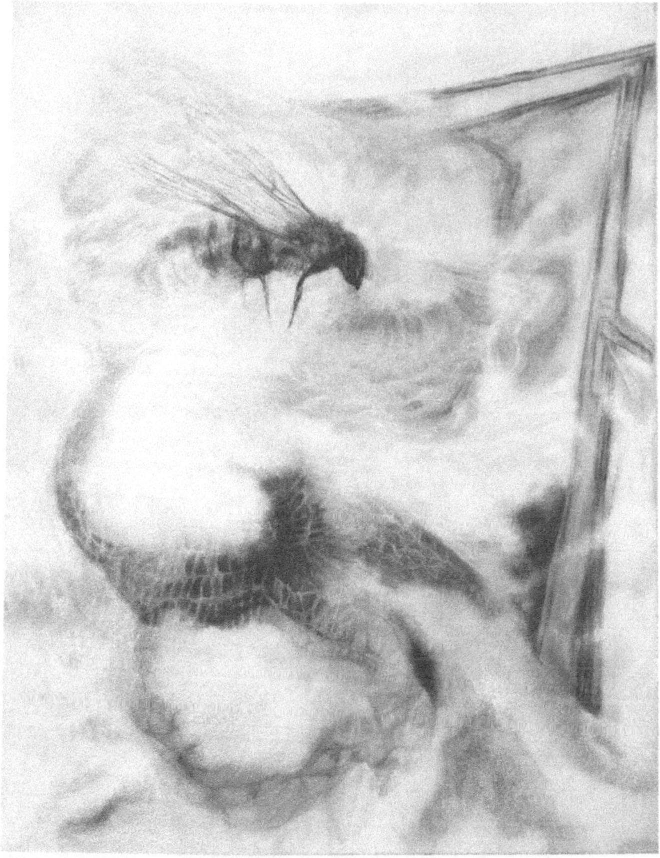

Vu nemt men a bisele Glik

Weh mir, wo nehm ich
die Suppe,
im Winde die Fahnen dünn,
wehs mir
so oder so,
und der Kapo
im Schatten der Erde.
Die im Winde klirrenden »links«.
Und der Kapo trunken von Küssen:
Vu nemt men a bisele mazl.
Dünn waren die Fahnen.
Wehs mir, vu nehm ich,
wenns Winter ist,
Rosen a bisele,
mazl a bisele,
Schatten, a bisele
Erde, a bisele glik.
Wehs mir, vu nemt men
gelbe Birnen
und wilde Suppe,
a bisele Wasser,
und der Schatten brüllt,
wo nehm ich a bisele
mazl, wenns Winter und Blumen,
und Sonnenschein, wehs mir,
die Mauern stehn

im Schatten der Erde.
A bisele Erde
im Schatten des Gliks.

Das Gedicht transzendierte die Wirklichkeit nicht mehr. Da stand es und war nur noch sachliche Aussage: so und so, und der Kapo brüllt »links«, und die Suppe war dünn, und im Winde klirren die Fahnen.
Jean Améry

… подойдет голубь, скажет – гёльдерлин …
… tritt die Taube hinzu, gurrt – Hölderlin …
Oleg Jurjew
Übers. von Steffen Popp

Vu nemt men a bisele mazl,
Vu nemt men a bisele glik.
Jiddisches Lied

Gantiadi, am Schwarzen Meer, Kolchis 1980er

Süden. Nacht. Es riecht punktiert nach Brandung und Jod,
Aftershave, Schweiß, Fischernetzen, Sperma, Sonnenbrand,
Parfum, Kaffee im glühenden Sandkästchen,
dessen Glut, klebrigem Wein, Thymian –
all das – samt Lachen, Fluchen, etwas Gitarre,
Gekreische von Rudergabeln, Beschuss
aus gewesenen und kommenden Kriegen –
schreitet durchs Fenster herein,
wo wir auf dem feuchten quadratischen Mond
zwei Mondflecken sind,
ohne Ahnung vom Tod zwischen uns.

Berge um uns und weiter – mit dem Wissen um vorige,
aber ohne Ahnung von künftigen Kriegen,
Mondschnecken lecken den schiefen Himmel vom Fenster ab,

Schicht für Schicht – ohne Ahnung.

Wie die N.

… wie die N., weißt du noch,
die nach einer Frühgeburt die Klinik verlassen,
das Kind aber noch im Brutkasten lassen musste …
Man traf sie in Petersburgs weißen Nächten,
im Sommerregen, im Geruch
der nassen Pappelwolle;
sie hatte den Gang einer Wüstenfrau:
ein Tick über dem dämpfenden Asphalt,
ein unsichtbarer Wasserkrug aufm Kopf;
sie durfte wieder alles,
sie kiffte, trank Bier,
war überall dabei mit keiner Spur Bauch,
sagte nur, sie sei im achten Monat schwanger.

Nun, d. h. nach deinem Tod,
mache ich alles mit, was man so tut,
bin nur im fünften Jahr tot
und trage den Brutkasten aufm Kopf,
in dem ein Todesküken piepst.
Lächelst du mit ob der Komik des Ganzen …?

In Zfat

In Zfat stehen Häuser übereinander,
eine vertikale Spielbaukastenstadt
aus und auf dem schwerelosen Stein Israels.
Die Berge um Zfat
sind das zu verschiedener Dichte
verdichtete Licht.

Bald kommt der Shabbat,
Männer mit schwarzen Hüten
(Borsalinos)
oder mit Pelzhüten
(Schtreimels)
sprechen mit ihren Buben und eilen
mit letzten Einkäufen,
die schöne Braut Shabbat zu begrüßen.

Die Hüte sind gegen den Regen
mit klarer Folie überzogen.
Die schmalen Gesichter der Buben
leuchten aus Schläfenlocken
wie die Heiligen der frühen Ikonen
aus dem Gold heraus
(ein Vergleich, den mir sowohl die Väter der Buben
als auch die Heiligenmaler übel nehmen würden).

Auch in dieser Stadt der Kabbalisten
kann ich niemanden fragen,
wozu ihre ganze Weisheit,
wenn sie …
… keinen einzigen
wenn …
… zurückholen
nicht …
ich höre auf. Auf solchen Fragen
ruht das Leben,
die Dirne, vor der
die Braut Shabbat weggesperrt wird.

Aber warum ist dieses verdichtete Licht,
das die hiesige Erde ist,
trotz allem so gewiss.

Böen im Baum / Baum in Böen:
So viel Bewegung, die nirgendwohin führt:
ein Falke im Rüttelflug.

Ein Baum kann zum Mistral tanzen
oder zum Boreas –
seine Wissenschaft sind Geduld und Ausgeliefertsein.

Was macht einen Wald, einen Ozean aus?

Spechte, Zilpzalpe, stecken gebliebene Luftballons,
Nachtigallen, Pirole – Matrosen im Wald –
retten sich auf ächzenden Flaggenstöcken und Masten
über sinkenden Baumstümpfen
und Rohrdommeln mit erfrischenden Fröschen,
verlorenen Strümpfen
und hergewehten Kondomen im Bauch.

Warum so seicht die Luft, so mürb die Erde,
so ungestüm und fern die Stille?

Bäume schnarchen in einem Schlafsaal
auf dem Deck der dritten Klasse.
Es dünkt ihnen,
sie seien eine Gelehrtenzusammenkunft, die wüsste,
wozu Mistral und Strahlen

unter dem Wasser am Abend,
man würde denken, träumt ihnen unter der Rinde,
alles würde gut

Ich sah mich Tennis spielen

1

Ich sah mich Tennis spielen,
der Gegner unsichtbar,
nur die Art seiner Schläge verriet
die Bewegungen hinter dem Netz,
das ebenso nicht sichtbar war.

Die Art seiner Schläge verriet,
dass er lieber selbst verlöre,
als mich verlieren zu lassen.

Ich wusste, dass weder
irgendein Gott noch seine Engel
loyal zu den Menschen sind,
wusste also, dass du der unsichtbare Spieler warst,
ich wurde wach,
und der Ball kommt und kommt nicht zurück

2

Ohne Reim zu schreiben
ist wie ohne deinen Atem zu atmen.
Deshalb.
Deshalb kommen diese Verse

ohne den tönenden Punkt
des Balls an dem Schläger
aus

Writing free verse is like playing tennis with the net down.
Schreiben ohne Reim ist wie Tennisspielen ohne Netz.
Robert Frost

Hölderlin ist tot

In Bordeaux, Psalm 22

Nun. Vor dem Haus.
Versuch nun zu raten,
wo hier der Feigenbaum
im Hof herumstand
und die braunen Frauen daselbst.
Ich spüre nichts.
Ich höre zu.
Nichts.
Hölderlin ist tot.
Tot, stell dir vor,
und meine Zunge
klebt an meinem Gaumen.

Such nach dem Namen des Windes

Warum benennt man einen Wind:
Chamsin, Scirocco, Košava,
Euroklydon?
Es gibt kaum etwas,
was es weniger gibt –
nur seinen Übermut:
einen Gartenstuhl kopfüber,
ein schwimmendes Dorf,
einen fliegenden Hut,
die Windtränen.

Auch Tote sind nichts weiter als
ihre Namen und Folgen ihres Mutes
oder ihrer Blödigkeit.

Dudelsack, pfeif, such
nach dem einzigen Namen:
Bora, Föhn, Tramontana,
Poniente, Scirocco, Buran,
Chamsin, Du, Euroklydon,
Boreas, Mistral, Košava,
Du, Bora,
Scirocco,
Buran –

In so viel Namen gefangen
pfeift der Dudelsack,
tanzt die Windrose,
zwei kranke Kraken,
im Winde.

LA SPERANZA

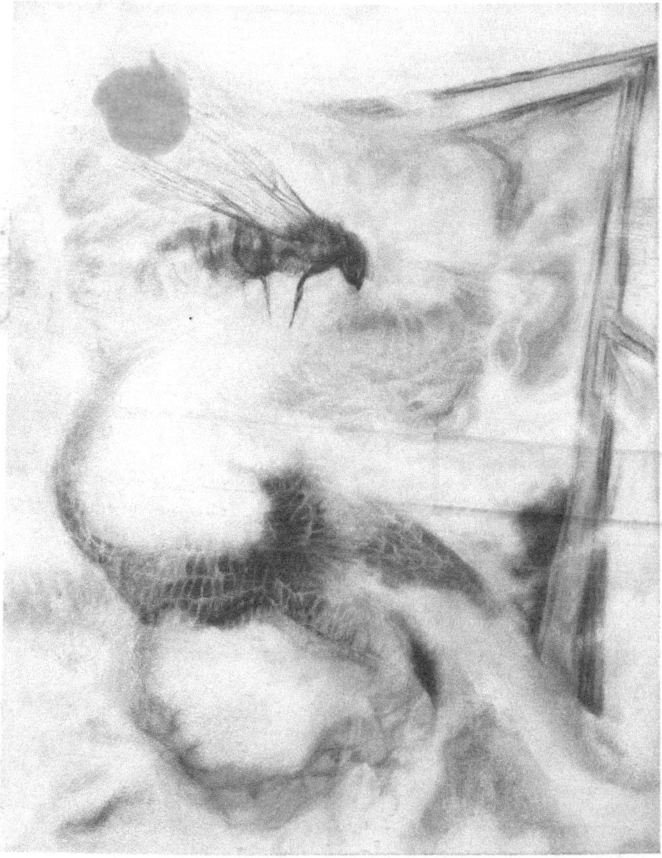

La Speranza

1. Die Elster

Mich hat die Hoffnung verlassen,
dass ich dich je wiedersehe,
ich probiere aus,
wie diese Worte sich anfühlen:
Stiche von tausend Wespen,
die der Haut,
die tausendmal gestochen wurde,
nichts mehr ausmachen.

Die Elster, die jeden Mittag
vor mir in der Luft steht
und nicht weiß,
was sie mir zu sagen hätte,
sagte heute mit Dante:
Lasciate ogni speranza.
Gut, ich verlasse die Hoffnung.

»Speranza«, sage ich ihr,
»es tut mir leid,
bleib hier,
Speranza, du tust mir leid.
Wie ein Hund vor einem Laden
winselst du, bist bange,
ob man dich vergessen hat.

Ich hab dich vergessen,
Speranza,
Sei brav, dann wird jemand
dich aufnehmen.«

So sprach ich zu ihr.

Ich komme allein, ohne Speranza.

> *La speranza di pure rivederti*
> *m'abbandonava*
> *Mich hat die Hoffnung verlassen,*
> *dass ich dich je wiedersehe*
> Eugenio Montale

2. Tote können Liebe nicht erwidern, Lebende nicht ertragen

… *nun bist du nicht da und jede Stufe jeder Treppe ist leer* …

Subtraktion aus dem Leben,
Abzug des Atems, des Klanges einer einzigen Stimme –
was soll das? Ist das von Bedeutung, ob
der Atem, die Haut, das Lächeln aus *meinem Leben*
oder aus dem *Leben insgemein* subtrahiert wird?

Denn, schau,
Mich hat die Hoffnung verlassen,
dass ich dich je wiedersehe:
sie, die er ab irgendwann tatsächlich nie wiedersehen würde,

war lange noch, auch eine Weile nach seinem Tod, am Leben.
Die Andere, deretwegen er die Erste nie wiedersehen konnte
(verzeih mir diese kleine Seifenoper,
sie ist notwendig für die Erklärung der Gleichung)
starb dagegen vor ihm und

jede Stufe
jeder Treppe
wurde
zu
schierer
Absenz.
Gut,
er
liebte
zwei
Frauen,

zuerst zwei lebende,
zuletzt eine lebende und eine tote,
konnte er das Fehlen der Hoffnung dann messen?
Ist es größer, wenn der Atem, die Stimme,
der warme Körperschweiß bloß unerreichbar sind,
oder
wenn sie nicht mehr der Menge der Lebenden angehören,
das heißt ganz Eigentum des Lebenden werden?

Ho sceso, dandoti il braccio, almeno un milione di scale
e ora che non ci sei è il vuoto ad ogni gradino.
Hand in Hand ging mit dir ich unzählige Treppen
herunter

und nun gibt es dich nicht und jede Stufe ist leer.
EUGENIO MONTALE

Возможна ли женщине мертвой хвала?
Ist das Lob einer toten Frau möglich?
OSSIP MANDELSTAMM

3.

La speranza d'un mucchio d'ombra,
die Hoffnung eines Haufens von Schatten,
eines Heuhaufens, wo jedes Stroh
einen Lichtschatten wirft,
je heller das Licht, je dichter der Schatten,
und jeder Strohstrahl jeder Hoffnung ist nur
der Schatten eines noch helleren Lichts,
dessen Quelle unauffindbar bleibt.

Diese gebrochenen Lichttreppen
immer tiefer in die Dieme mit brüchigen Halmen
hinuntersteigen und ganz zuverlässig die Leere spüren,
die du hinterließest, in diesem Haufen von Schatten

La speranza d'un mucchio d'ombra
E null'altro è nostra sorte?
Die Hoffnung eines Haufens von Schatten
Und nicht anders ist unser Geschick?
GIUSEPPE UNGARETTI
Übers. v. Ingeborg Bachmann

Mehr Lebende oder mehr Tote?

1. BUCEPHALUS' VERMÄCHTNIS

Wenn es gleich viele Tote wie Lebende gibt,
kommt die Endzeit,
prophezeite Bucephalus,
kurz bevor er sein letztes Gewieher von sich gab,
und Alexander dachte an eine Schlacht
zwischen Toten und Lebenden
und setzte fort,
die Zahl der Toten zu vermehren.

2.

Mehr Lebende gibt es,
die Toten sind nämlich nicht mehr,
sagten Inder dem Makedonier.
Er war enttäuscht.
Ihm schwebte eine Schlacht
zwischen Lebenden und Toten vor.
Er wusste nur nicht,
auf wessen Seite er streiten würde,
sowieso als Gott, dachte er, *egal,*
als Gott ist es egal.

Aber es gibt mehr Tote.
Besonders, wenn ich
Buchregale entlang denke.

Die Brahmanen sagten das vermutlich bloß,
um wenigstens die Toten vor ihm zu schützen.
Denn es gibt mehr Tote,
das wussten sie.
Es gibt mehr Tote, besonders, wenn ich
Buchregale entlang denke.

Andererseits: Ist der tote Tschechow
toter als die von ihm besungenen
Stachelbeermännchen?

War Eurydike mit ihrem
wie eine Blume nach dem Sonnenuntergang
geschlossenen Geschlecht
toter als die Mänaden,
die Orpheus' Gekröse herauskrallten?
Als die Mänaden
mit Wein und Verwesung in den Adern?

Sind Ovid, Vergil und Broch
toter als ich?
Das kann ich nicht glauben.

Bäume, deine Freunde

Bäume, deine Freunde, pfeifen
mit kristallin gefrorenen Lungen
durch nasse Schalmeien,
solange es Winter ist.

Solange es Winter ist,
ist auch deine Stimme
in ihrem Himmelgerüst.

In jedem Baumskelett
lauert aber Laub,
es wird dich bald überrauschen.
Statt nackten Baumseins
werden Buchen, Pappeln,
Platanen, Linden, Espen.
Und nirgendwo du.

Im Sommer bist nirgendwo du,
Bäume, deine Freunde,
sperren sich und dich
mit ihren sechs Hemisphären zu –
wie Seraphim.
Sperren mich aus –
wie Seraphim.

In jeder Laubkugel aber
lauert Frucht und Fäulnis.
Gelbe Birnen leuchten auf und verwurmen,
blutergussfarbene Feigen verwespen,

unmusikalische Vögel mobben mich
aus dem Strubbelgeflecht einer Platane:
Xerx-xes, Xerx-xes, Xerx-xes.

Der liebe Gott

der liebe Gott ist eine ziemlich große Sanduhr,
die Erde steht auf dem Uhrsand,
den er aus dem Ursand entsandt,
der Sand schmerzt und schmilzt
ins Stundenglas. in hora mortis.

der liebe Gott ist eine kleine Bresche
mit allerlei Frisur,
das wissen alle.

der liebe Gott in seinem Gnadenzorn
ist eine Bananenschale.

Jedem Halm, wenn er seine spitze Nase
aus der Erde zeigt,
schnipst ein Engel an die Nasenspitze und sagt:
Wachs empor!
Irgendwann sagt ihm ein Engel:
Vertrockne!
Besteht unsere ganze Würde darin,
das zu wissen?
Was soll das, Pascal?
Was ist mit der Würde des Halms?

Angenommen, er hat keine Ahnung vom eigenen Sterben,
aber merkt er, wenn ein anderer Halm
vertrocknet?
Wenn nicht, würde ich ihm meine ganze Würde
für dieses Unwissen geben.
Hörst du mich, Pascal?
Wenn ich gestorben bin,
frage ich noch mal.

Das Gezwitscher der Vögel kann genauso gut
eine Botschaft von dir sein.
Zwar unentziffert,
und deine Stimme klingt ungewöhnlich.
Aber immerhin.

Zikaden, Grashüpfer und Grillen,
verwirrt von der Hitze,
begannen in diesem Jahr
ohne zu warten, bis die Vögel aufhören.
Oder ist das deine Ungeduld
in ihrem Gezirp?
Dein Zögern im Vogellanggesang?
Immer noch unverständlich,
aber immerhin.

Schnittwundengeruch
abgemähten Grases,
dunkelgraues Geräusch
des elektrischen Rasenmähers –
all das bist du.
Bist kaum wiederzuerkennen.
Aber immerhin.

Heute habe ich wieder die Elster gesehen

Heute habe ich wieder die Elster gesehen,
hätte ich früher gesagt oder nicht gesagt,
ohne nachzudenken,
was von den Dingen des Alltags
dir noch etwas bedeuten könnte.

Die Elster stand vor mir in der Luft,
als wäre ich eine Blume und sie ein Kolibri,
als wüsste sie nicht, welche ihrer Geschichten
mir noch etwas bedeuten.

SPINNWEBEN IM RAUREIF

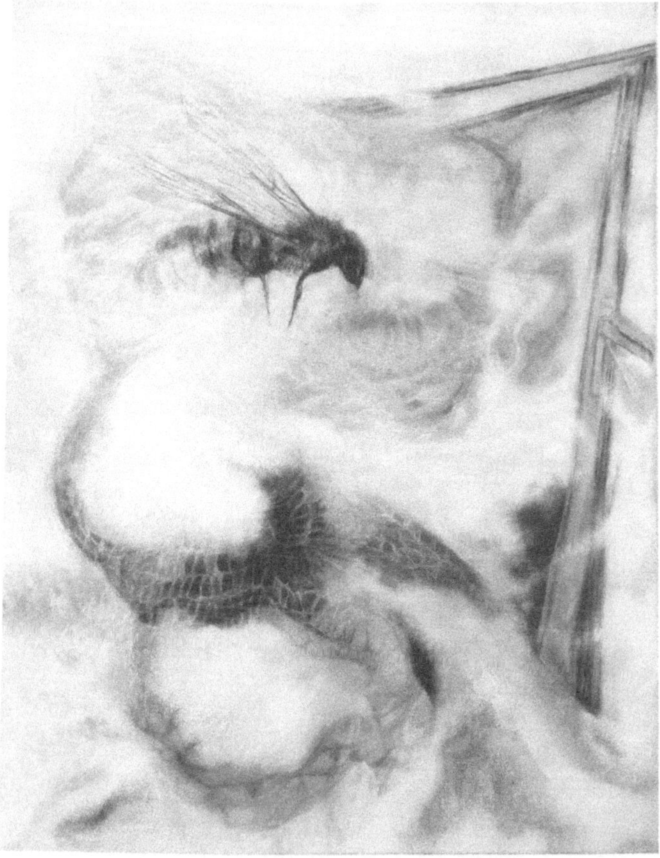

Vor der Santa Maria in Aracoeli

in memoriam Jelena Schwarz

Es ist viele Jahre her, Lena,
dopo tanti anni
bin ich wieder hier, vor der
erstarrten Armada der Ziegelsteine
über dem *Foro Romano*:
un'armata di ricordi.

Von jenem Treffen blieb noch *una Foto*
(ich weiß, auch mich würde das nerven,
neanche a me piacciono i fotografi molesti).

Nun, *dopo tanti anni, amica,*
was hoffe ich hier, was verspreche ich mir
von der Ziegelsteinleere?
Eine Ziegelsteinlena?
Zersteinerte Lethe?
Che spero, che mi riprometto?

Präsenz / Absenz-im-Licht / Schatten:
in schwarzem Mantel, mit rotem Schal,
fuchsschwänzelnd rotem.

Unten lassen Touristen
»Foro« und »Foto« verschmelzen,
und verwechseln (das tun wir alle)

»warum« und »Fatum«,
dazu auch viele Katzen.

Che speri, che ti riprometti, amica
Was hoffst du, was versprichst du dir, Freundin
Mario Luzi
Übers. v. Stefan Matuschek

Spinnweben im Raureif

Spinnen geben auf, im Dezember
versternert ihr Gewirk.
Kein Weben mehr,
sind tot oder so gut (so schlecht)
wie dort, wo kein Handwerk mehr wirkt.
Nur Mücken zeugen
(in weiße Gitter eingewebt,
durch Bruch und Glanz
zu diesem Weberwitz gezwungen)
von der Sommerglorie der Spinnen.

Es schneit das ganze Leben Wörter,
nach denen wir
wie Welpen
am ersten Wintertag

s
hoch prangen.
Bald sind wir aber Schnee und
so schlecht (so gut) wie dort,
wo alles federleicht, vielleicht noch leichter, ist.

Besonders, wenn die Weinstockreihen, frisch geschoren,
im Raureif marschieren,
ist rauchleicht mein brüchiges Gehör,
Spinnsaiten zittern
hoch in der Luft,
nicht sichtbar, eigentlich auch nicht hörbar.

Wer summt,
… dass ich dich wiedersehe?
… dass nicht?
… dass wieder Winter ist? (… und wieder Krieg …)

Wozu der Weberwitz im Winter? (… und im Krieg …)

Besonders, wenn die Spinnenzungen zünden
die Ferne, zanken, geben auf

Weberwitz ist federleicht
Altes Sprichwort

Wahlverwandtschaftsblues

Nacht, Haushaltsüberreste
auf dem glänzenden Trottoir.
ein nach nassem Hund
riechender Mann
mit einem hinkenden Einkaufswagen
hockt vor einem Buch,
murmelt:

»einem Buch mit unaufgeschnittenen Seiten
geht sein weiches Papier
vor bloßer Ungelesenheit
in Stockflecke über,
wird zu leuchtenden Schimmelpilzen,
doch zu schwach das Licht,
unnütz.
unverhoffter Gast aus der Urzeit,
war dein Leben vergeblich,
ungelesen?
war dein Leben geglückt,
ungestört?
deine bald verschimmelten Blätter
denken nicht daran,
mir das zu verraten.«

der Mann erhebt sich,
verneigt sich,
empfiehlt sich,
leuchtet,
schwach. Unnütz?

Katz für die Zeit

Einer Laterne in unserer Straße
ist ihre Zeit davongelaufen,
zusammen mit einer Schildpattkatze
durchgebrannt.
In einer Schiefblattgasse
blieb Katzenkot in einem Blumenbeet,
einige vereinzelte Zeitweilen
und Suchzettel an der Laterne:
»3 % meiner Schildpattzeit für den lauteren Finder!«
Denkt nur daran: 3 % des Lebens einer Laterne!
Die betrunkene Laterne kann nicht taumeln,
aber flimmern und summen:
»Sterben ist Zeitentwöhnung.
Oder wär es eher Leben?«

Wie die Katze weglief, rannte,
nie wiederkam die Katze Katze
ein schlechtes doch, ein Ende nahm
Elke Erb

Eine milde Droge ist gewöhnungsbedürftig

zum ersten Mal in einem Wiener Kaffeehaus –
bist du enttäuscht:
alles wie »bei uns«, wo auch immer das wäre,
nur geräumiger.

peu à peu nimmt dich das ein. und
du hörst auf, zu verstehen,
warum du diesem kandierten Dunst,
den Obern, die »gnädige Frau« so aussprechen,
als seien sie Königssöhne im Exil,
diesem Licht, das gerade noch
zum Lesen ausreicht,
nicht von Anfang an verfallen bist.

jeder Wiener nennt dir ein Kaffeehaus,
»eines der wenigen noch echt wienerischen«.
je mehr Wiener,
je länger die Liste.
du kannst von einem ins andere gehen.
Wiener werden,
in dein aufgeschlagenes Notebook / Notizbuch schielen und
diskret-ironisch lächeln,
als wären auch sie Königssöhne und -töchter im Exil.
irgendwann kannst du keinen Kaffee mehr trinken, und
gleich schließen auch die Kaffeehäuser für heute.
du kannst in einer Bar

die Zeit beim Rotwein überbrücken, oder
es kann eine Krähe
am Burgtheaterdach
mit dir ihr Nachtlager hinter der Calderón-Büste teilen,
bis die Kaffeehäuser wieder öffnen.
oder sie bringt dir das Fliegen bei.

in Wien zu sterben wäre
eine feine Sache.
ein diskret-ironischer Tod würde sagen:
»gehen Sie, gehen Sie nur, gnädige Frau,
für Ihre Zeit schließen wir gleich.«

Wespengiftturm, benannt – geschehen:

»Wespensommer«, sagte ich
bloß als ein Kompositumsbeispiel –
zwei Stunden später stach mich eine Wespe.

Wenn ein Wort unverhofft
Beschwörung wird – warum dieses?
Auf meinem Fußknöchel eröffnete es,
ein spottender Bote zwischen »benannt« und »geschehen«,
ein Podium, wo sich »imaginär« und »wirklich«
für eine Sekunde trafen.

imaginary gardens with real toads in them
ausgedachte Gärten mit wirklichen Kröten darin
Marianne Moore, *Poetry*

Darum schweigt er

»es tut weh, es tut weg, es tut Wege«,
spricht das Wasser, das Gras und die Krähe.

»Was für ein Quatsch«, denkt ein ferner Punkt,
der so klein ist, dass man keine Espressotasse
auf ihn hätte abstellen können,
selbst wenn man ihn erreicht hätte.
»Ich hab's nicht so gemeint, selber schuld«,
denkt der kleine Punkt,
»in eurem Sud
schwimmt eine Telefonscheibe, c'est moi!«,
der Punkt schweigt seinem Ebenbild entgegen, denkt:

»Manch ein Wort ähnelt seinem Sinn kaum.
Manch anderes pflegt, verwöhnt seinen Sinn wie eine Amme.
Was auch immer ein Wort mit seinem Sinn versucht,
er brennt ihm irgendwann durch
oder macht sich unbrauchbar,
begeht, so oder so, Fahnenflucht.«

Trotz schlechter Verbindung sprechend, 1

… si' che l'anima mia, che fatt'hai sana,
… dass meine Seele dir noch lieb ist,
piacente a te dal corpo si disnodi.
denn Körper werden wir nicht besitzen.
Du lachst, denn Seelen hat man dort vermutlich auch keine.
… dass meine Seele dir noch lieb ist,
sage ich trotzdem.

… si' che l'anima mia, che fatt'hai sana,
piacente a te dal corpo si disnodi.
… dass meine Seele, die du erweckt hast,
dir noch lieb ist, wenn sie der Körper nicht mehr hält.
DANTE, *Comedia*

TOLSTOIS TOD

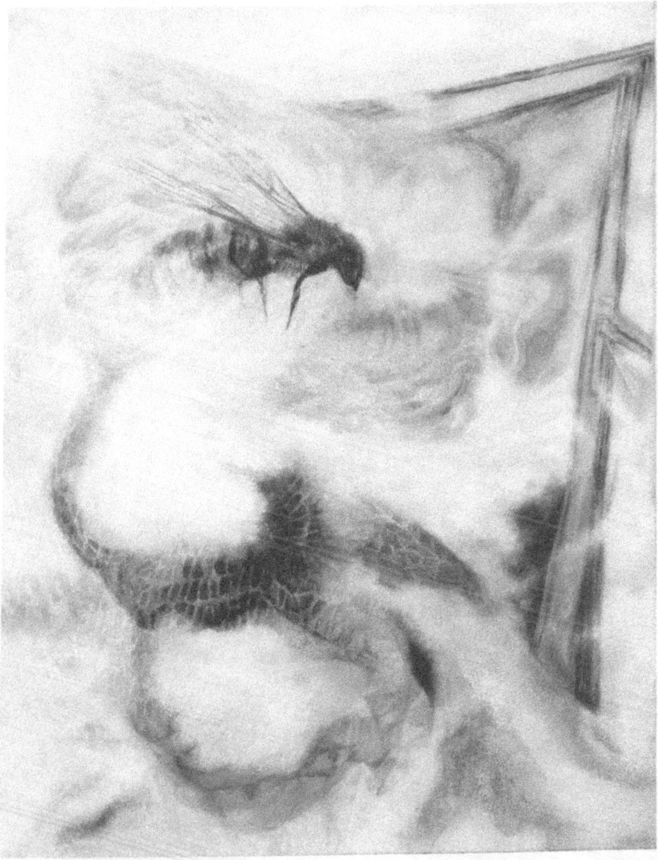

Tolstois Tod

seiden, großäugig, windschnell
steht eine Ziege hoch auf 'nem Hügel an Wolken vorbei,
mäht synkopierte Töne, schielt nach unten,
wo Lew Tolstoi Schnee mäht. er schaut auf,
denkt, ihn solle jede Ziege lesen können,
denkt, *er* müsse so geworden sein, dass eine jede …
Ziegen sind von Natur aus, denkt er, seiden, listig;
und so was Blödes: die Ziege hat die Augen seiner Frau.
wessen List ist das, der Frau oder der Ziege?
wer weiß.
soll er die Ziege mit dem abgemähten Schnee füttern?
die Jahreszeiten kollabieren,
der Schnee ist violett vom Engelkot.
er schaut noch einmal nach oben: Niemand aufm Hügel,
nicht die Ziege, noch seine Frau,
nur ein Dröhnen: das ausgemähte »Määäh«

Ist schon 'ne ganze Menge

Die Bienen erfreuen die anderen.
Orpheus gibt sie aus seinem entkräfteten Leib frei,
den es nicht mehr gibt,
dem Leib, den es nicht mehr gibt,
der aber gegeben wird,
Eurydike gegeben,
die ihn nicht mehr nehmen kann.

Die beiden zerfallen zum Bienenschwarm,
in ihrem Summen vernimmt man die Namen nur:
Orpheus, Eurydike.
Summ-summ.
Fäulnis der Namen nur:
Orphydike, Eureus.
Summ-summ.
Alles, was von ihnen geblieben ist,
ist summ-summ.
Und das ist schon eine ganze Menge.

Pasolinis Tod, Pasolinis »Trilogie des Lebens«

Auch wenn wir uns Doppelgänger schaffen,
und sie, stellvertretend für uns,
sagen wir, als Maler
all das durchs Viereck aus eigenen Fingern
(wie eben Maler oder eher Kameraleute die Welt anschauen)
in Bilder verwandeln
(Il Decameron)
oder als Dichter das Interessante
aus all dem herauslächeln
(I racconti di Canterbury)
und so tun,
als wären sie (also wir) und all das
aus verschiedenem Fleisch –
da wird dieses Alldas nur lachen
und uns in seiner Hand umdrehen
und im Handumdrehen
in diesen Bildschirm hineinziehen.
Und den Vorhang zuziehen.
Wenn er wieder aufgeht
gesellt sich Pasolinis Tod nahtlos zu den Geschichten
aus seinen racconti, fiore oder Decameron:

Ein Aufregen, ein Aufflammen, ein Versprechen
stürzt einen Aufgeregten, Entflammten, freudig Erwartenden
ins Verderben.
Ein Narr streckt die Hand nach einem Leckerbissen aus,

wird reingelegt und bekommt
einen Jaucheeimer über den Kopf.
(Egal, wer oder was dahintersteckt,
so ist der Kern des Geschehens.)

Eine Mär, als hätte er sie höchstselbst
im Viereck aus eigenen Fingern eingefangen,
um noch ein letztes Mal zu zeigen,
wie ein geliebtes, klägliches, exponiertes Leben
aufflammt, explodiert, zer- und entfleischt wird.

Außer den fahlen, falb leuchtenden Buchstaben
ist niemand da, nur noch Fetzchen dahintauender Luft
in deinen Platanen, nur das letzte Eis
in deinem Flussdelta,
das Licht lichtet sich –
irgendwie in beiden Sinnen des Wortes,
und dein Abend vor dem Krieg ist vorüber.

… außer diesem Buchstabenbruch und -staub
ist niemand da und nichts, was plausibel Gott denken ließe,
und fast niemand, der sich darum scheren würde …

Hans Hermann von Kattes Tod / Der betende Knabe von Sanssouci

Man kann für die Liebe sterben, keine Frage,
nur soll man wissen, wie egal es sein wird.
Der junge Fritz, vielleicht seufzte er zuweilen,
auch als alter Flötist, nach jenem Freund, aber
seinem Vater, dem Mörder,
nahm er das Zepter aus der toten Hand
mit Respekt und Pietät und
(womöglich) dankend,
dass der Vater ihn vor etwas gerettet hatte,
was …

Mit majestätisch langsam geduckten Schultern,
von durchs Blattwerk fallenden Sonnenschuppen bedeckt,
schlüpfte der gealterte Fritz zuweilen wieder in jene
Ohnmacht,
die er in jenem November erfuhr,
wo schwache Gesichter der Toten
wie ein Ölfilm auf dem Wasser sind und sonst
keine Sorgen –
keine Sorgen, denn wenn der Welt die Toten egal sind,
ist auch die Welt den Toten egal.

Am 6.11.1730 wurde Hans Hermann von Katte geköpft. Das hatte der Vater seines Freundes, des späteren Friedrichs des Großen, befohlen.

Tote klirren hell, weil
sie Weintrauben aus Glas sind,
sind Murmelspiel, sind ein jeder,
sind gläserner Wein,
gekeltert aus gemosterten Lächeln.
Der Winzer wisse, warum
er die Trauben in den Korb wirft,
könnte man denken, aber das stimmt nicht,
seine Weinlese ist von einer KI gesteuert,
die von einem Blöden programmiert wurde:
Drei Schwestern, verdrahtet, zucken,
zertreten die Trauben,
die zu brüchigen Weinfasern werden

… dem Leben und seinen kalten Anforderungen …
Robert Walser

Oder Robert Walser,

die Banalität seines Todes
ist zugleich dessen ausgerastete Theatralik.
Genau so unbeabsichtigt, beides,
wie die Prophezeiung aus Versehen davor.
Der Weihnachtsstern
tätowierte den Schnee mit Kiefernnadeln.
Drei Könige zögerten,
sie waren bereits auf dem Rückweg,
keine Geschenke für den Neugestorbenen,
sein grüßend geöffneter Hut blieb leer,
nichts zu machen, sie zogen weiter, feldein.
Aus Verlegenheit hinterließen sie keine Spuren im Schnee.

Der Schnee zeigte hier keine Fußspuren, es war also denkbar, daß er schon lange liege.
Robert Walser, *Geschwister Tanner*

»Alle mir bekannten Menschen, die am Weinachtstag gestorben sind, waren … wenn nicht Heilige, … dann von keinem finsteren Gemüt, nicht umschattet«, sagte mir vor kurzem ein junger Lyriker aus Moskau.
Oleg Jurjew in einem Essay über Robert Walser

Edenkobener Tal

Zwischen Rebstöckreihen gären
Falltrauben und / oder Blutklumpen.

In die zirpende Luft mischt sich
Pochen, Stöhnen:
Schwaben, Badener, Schwalben, Baldener,
Mauersegler, Falken, Österreicher,
Franzosen, Fledermäuse, Eulen.
Und Pfälzer natürlich.
Und Preußen.
Ist lange her.

Lange her ist inzwischen auch:
du, ich und noch jemand,
der eher dem Pfälzer Mond als uns erzählt:
»Als hier Schlachtfeld ausgerollt lag anstelle von Weinzeilen,
war Heinrich von Kleist hier Gardist,
in den Menschentrauben eine der Beeren.«

Ich blättre durch dein Notizbuch:
… *keine Zeit, alles geschieht zugleich* …
das gilt der kreisenden Zeit
des Frankfurter Judenfriedhofs,
wo der »Frankfurter Stier«
Wörter,
die er von Grabsteinen aufliest,

von seiner rauen Zunge
in deine weiche Hand ausspuckt.

Zugleich 1a:
Ich, Weinstöcke,
eine verweste Maus
riecht zimtig,

Zugleich 1b:
ein Habicht lässt sie vor ein paar Tagen fallen.
Füchse zeigen sich kurz aus dem Weingekräusel,
das wie eine antike Schlacht lebt (wie der Dichter sagte),
Krähen schauen einander in die Augen.
Irgendwann hacken sie zu.

Zugleich 2a:
Hirsche auf den Waldhängen warten auf Winter,
um herunterzukommen und Herlinge aufzulesen.
Auch die Hochsitze der Jäger warten auf Winter.

Zugleich 2b:
Warme Lippen der Hirsche lösen
eisbrüchige Trauben von Reben ab.
Die Hochsitze blitzen auf,
die Hirsche spucken das Leben aus.

Zugleich 3:
Im Heinrich-von-Kleist-Kriegsgarten
riecht brotig das Blut,
es verrinnt durch die Lecks in die Erde,
bis auf einige Klumpen.
Bussarde warten,
bis die Lebenden,
darunter auch Heinrich von Kleist,
der sich für eine andere Todesart entschied,
wegziehen.

Zugleich 4:
Die Lebenden sind weg,
selbst die Bussarde.
Nur ich bin da und die Weinstöcke
und du und Heinrich von Kleist.

Zugleich 5: 6: 7: ∞:
Wie ist es bei Toten?
Andersrum?
Geht alles rückwärts
wie der jüngste Enkel der Zeit,
der Gott des verpassten Glücks?

> *Die Zeit ist eine Zwiebelrose,*
> *die dann und wann leck wird*
> *und das* Zugleich *hinauslässt.*
> Die Elster

Zugleich-Bonustrack: Krieg
»Ein Jahr zuvor waren Singvögel hier
von Falken, Habichten, Eulen und mir verdrängt«,
sagte die Elster,
die wieder da war,
»und niemand kam darauf,
dass das eine Vorwarnung war.«

Wer die verfälschte Zeitplörre trinkt,
hält die Zeit
für Fäulnis und Schwachsinn,
und er hat recht damit.
Die Elster

Tod und Unsterblichkeit sitzen am Kleistgrab und sprechen zu Kleist

gelbe Blümchen, violette Blümchen
im müden Schatten,
so sieht also Unsterblichkeit aus.
ob es sich gelohnt hat?
hättest du mit Geduld auf den Tod gewartet,
wäre der Effekt der gleiche:
ein Grab und um es:
Blümchen, gelb, violett.

freilich hättest du die Aussicht auf den See
nicht ohne Weiteres bekommen.
nie im Tod!

na ja. dafür
verbringst du jetzt deine Unsterblichkeit
mit einer dir –
seien wir alle drei ehrlich –
völlig fremden Frau.

... suchte hier den Tod
Und fand Unsterblichkeit ...
MAX RING, *Inschrift auf dem Kleistgrab*

DER TOD SCHEIDET NICHT, ABER DAS LEBEN

Der Averner See

I

Durch Kindergeschrei vom Strand
»sempre dritto« (immer geradeaus),
sagte der Eisverkäufer und warf
meinen Charonscent in die Kasse,
als ich – mit dem schnell wie dein Leben
tauenden Eis in der Hand –
nach dem Weg zum Averner See fragte.

Wäre der Averno düster und dünstig,
wie bei Vergil, Ovid oder Kollegen aus der Zeit,
als das Wort »romantisch« so bedeutend schien
wie heute »gendergerecht« und »relevant«,
wären die Vögel von hier verbannt
(was ihn mit dem Fluss Dnepr verbände,
bis zu dessen Mitte kaum ein Vogel fliege),
  dann wäre der Averno bloß ein Naturphänomen.

Ist er nicht. Er ist
in der Tat das perfekteste aller *memento mori*:
am Ufer ein Tennisclub, ein Café mit Aussicht
auf die Reste, sagt man, eines Apollotempels,
Angler angeln, Enten fischen,
Jogger und Radler schwitzen,
Tschwiriks zwitschern, Möwen miauen,

alle fotografieren – das Leben,
das uns trennt, in seiner reinsten Form.

Oder wäre der Averno der entflohene Name des Stuhls,
wie Kollegen von heute meinen,
des Wochentages, der Nachrichtensprecherin:
das Ausradieren der Welt im eigenen Kopf,
der Bürgerkrieg im eigenen Leib,
dann wäre der Averno ein verständlicher Schrecken,
wie einiges, was da ist und nicht da ist,
solange es einen nicht trifft.
Ist er nicht.
Er ist einfacher, greifbarer, unbegreiflicher,
denn das Sterben ist überall,
hier aber, sagt man, ist das Sprachgitter zu den Toten,
das meistens schweigt.

Das Avernowasser spiegelt
die Lichter der Straßenbahnen, die,
in den Petersburger Pappelflaum gehüllt,
durch Kindergeschrei vom nahen Meeresstrand,
durch lila-rot gestreifte Trinkröhre im Schilfrohr,
durch Frittiergeruch und Musik –
in das nichts ahnende Tor fliegen,
an der verrosteten Schreibmaschine vorbei,
die Orpheus hier samt Handtuch geworfen hat.

spelunca alta fuit vastoque immanis hiatu,
scrupea, tuta lacu nigro nemorumque tenebris,
quam super haud ullae poterant impune volantes
tendere iter pennis: talis sese halitus atris
faucibus effundens supera ad convexa ferebat.

Dort war ein tiefes Geklüft, grundlos, unendlichen Schlundes, / Schroff, vom finsteren See und der Hainumschattung gesichert. / Drüber vermocht' ungestraft niemals noch irgend ein Vogel / Fort sich zu schwingen im Flug: so streng' aus dunkeler Mündung / Stets aushauchender Qualm stieg auf zum gewölbeten Himmel.

Vergil, *Äneis*
Übers. v. Johann Heinrich Voss

И пусть у гробового входа
Младая будет жизнь играть.
Und soll am Grabes Eingang
das junge Leben spielen
Alexander Puschkin

II Der Tod scheidet nicht, aber das Leben

Wir waren einander Mond und Sterne,
Wein und Brot, Erde und Feuer,
Wasser und Luft, Glatteis und Rad,
Minuten und Zifferblatt,
Regen und Wurm, Fliegen und Frösche,
Bau-, Gold- und Jauchegruben,
Funktürme und Turmfalken,
Ekzem und Balsam,
Krähe und Aug,
Durst und Suff,
U-Bahnen und Eselsbrücken.

Es gebe all das nicht mehr,
wollte ich sagen, aber
alles ist komischerweise noch da,
voneinander getrennt,
doch ineinander verfangen (wie wir jetzt),
todsicher beides.
Da sind Flugzeuge und Friedhöfe,
sind zottige Ziegen und zickige Igel,
sind Sandkästen mit vertrockneten Kindern,
da ist vergorenes Blut und klarer Speichel,
da ist die Unsterblichkeit,
die als ein großer Gedanke an einem anderen See erschien,
da ist der Schweiß der Edlen,
den die Urenkelin angewidert abwischt.

Alles, was es gibt, bist –
nach wie vor du.
Nur hat es sich von mir getrennt,
's tut nur so, als wär's noch da,
gut so, was hätt's gesollt,
wenn's doch nicht mehr du bist?

Wie ist es bei dir?
Wie sehe ich aus,
ich, deine Frösche, deine Flugzeuge,
ich, deine Turmfalken, deine Regen,
ich, dein Glatteis, deine Minuten,
ich, deine Friedhöfe, deine Dürste,
ich, dein du,
ich, dein ich?

Das Leben schickt seinen goldenen Schweiß nach mir,
seine Turmfrösche und Jauchetürme, seine
zottigen Minuten und höflichen Sandkasten,
Mord und Sterben,
Bein und Rot, Ende und Heuer,
Prasser und Kluft.

Sie bekommen mich nicht.

III Vom Nehmen und Geben

Sirenen auf Felsen Neapels,
könnten sie deinen Schatten anlocken,
dürften sie ihn auch,
solange ich sowieso nur Fleisch bin,
behalten,

ich wäre nicht eifersüchtig,
und wenn doch, hätten sie mich
an den Mast binden dürfen

und mir die ganze Welt nehmen,
wenn sie mir, wenn auch nur flüchtig,
deinen von ihnen umsungenen Schatten
zu sehen gäben,
denn ich war am Averner See, und mir
ist es nicht anders als Orpheus ergangen,
also nichts übriggeblieben als
einen doppelten Espresso zu trinken
und umzukehren.

Wieder war die Elster da:
die Schwarz-Weiß-Grenze im Flug,
es gibt und es *gibt nicht(s)* zugleich.

Wenn sie *mit Geschenken hierher*kommt,
ist es, als wäre es möglich,
ihre Botschaft – wie sie eine Walnuss –
zu knacken.
Lach nicht, ich weiß, dass das Quatsch ist.
(Botschaften von hinter-der-Elstergrenze
sind unwahrnehmbar wie das Entsetzen einer Walnuss.)

Elster, fragte ich sie, habt ihr Wi-Fi dort?

Sie sagte mit Novalis:
»Laßt die Libellen ziehn.«
Sie sagte:
»unschuldige *Fremdlinge* sind es.«
Sie sagte:
»folgen dem Doppelgestirn froh,
mit Geschenken, hierher.«

Weißt du noch
(Tote wissen von nichts,
ich frage trotzdem):
viele Libellen um uns herum

an einem Waldtümpel,
lose Zettel,
die wir alle zugleich lesen konnten?

Nur als Doppelgestirn, froh, war das möglich.
Ich lasse die Zettel ziehen, ohne sie zu entziffern.

Ein (aber nicht jedes) Gedicht ist
eine Notenschrift, die den einstigen Atem fixiert.
Deshalb kommt es vor,
dass um ein Gedicht eine kleine Wolke schwingt
wie um einen sprechenden Mund in der Kälte,

so murmelnd ging ich einen Fluss entlang,
der schwieg. Zustimmend.
Flüsse sind höflich,
                    weil sie sowieso
                                        immer schon vorbei
sind.

Die Elster schielte wie ein Pferd.
Sonne,
durchsiebt im Blattwerk einer Platane,
fiel auf mein Schlüsselbein,
dort,
wo deine Schulter hätte sein sollen.

Dein Atem, notiert in deinen Gedichten,
reicht mir (fast, manchmal)
fürs Fortsetzen des Atems
bis dahin, wo kein Atem ist
und kein Gedicht,
auch kein du, kein ich.

Er hat sie dann doch vergessen,
nein, keine Amnesie, er wusste, wer sie ist,
sie blieb ein Splitter in seiner Brust,

aber nicht, dass alles aus diesem Wissen
und diesem Stachel bestand,
wie es in den ersten Jahren war,
das
war
nun
eben
nur
ein Wissen unter anderen,
auch wenn sich Eiter
um den Splitter ansammelte
und bei jeder Seelenbewegung grunzte.

Er liebte Knaben.
Keine Frau kann sich
mit der Abwesenheit messen,
die einst Eurydike war,
und Knaben
werden nicht alt,
auch sterben sie nicht,
sondern ziehen weiter ihrer Wege
wie Libellen, kleine geflügelte Leben.

Das runde Floß, das einst sein Kopf war,
sang, sang »Eurydike«, zuerst im Fluss und dann im Meer,
bis seine Lippen platzten,
der Kopf an Land gespült wurde, an Herzland, sagt man,
und der von Leben wimmelnde Ufersand
seine tote Gurgel verstopfte.

Sein Kopf liegt wie ein kaputter Ball am Strand.
Die Knaben spielen Frisbee.
Die Frauen lutschen sein Blut
unter ihren Nagelrändern ab
und spucken es in den Muschelkies,
der zischt und röchelt, aus.
Der kaputte Ball gibt nicht auf,
all dem einen Sinn abgewinnen zu wollen.

Wie zeigt man in einem Film Ungeduld?
Sie reißen sich selbst und gegenseitig
alles Gewirkte, Gewebte und Gestrickte vom Leib,
weg mit Hosen und Blusen,
damit sich Wollüste im Nahkampf treffen.

So ungefähr träumte mir neulich von meinem Tod:
weg mit dem Körper, rasch
Fleischgewebe aufknöpfen und ab
in die Abwesenheit von allem,
dorthin, wo es weder dich
noch mich gibt,
dann sind wir wieder am selben Ort.

Trunken von Nüchternheit sind die Menschen geworden,
können weder klar denken noch wirklich fühlen,
sagte die Elster.
Hast du gestern viel Hölderlin gelesen?,
fragte ich.
Sie flog auf und dahin.
In der Tat,
sag niemals einem Dichter,
er würde einen anderen nachahmen.

Wenn ich beim Kommentieren deiner Gedichte

versehentlich das Jahr
1058 statt 1985
eintippe,
beneide ich gleich die Bewohner des älteren Datums:
wären wir unter ihnen,
täte jenes »Jetzt« weder weh noch leid:
keine schmatzende Nässe mehr,
die uns kaut und wiederkäut.

(Mensch ist Mutterkuchen und wird
nach der umgekehrten Geburt weggeworfen,
einer Plazenta erzählt man auch nicht,
wer da geboren wird.)

1082 statt 2018 zu leben
heißt, durch den Sumpf
wie eine unverfrorene Taschenlampe zu pfeifen,
heißt, ein verrücktes Glühwürmchen zu reiten,
heißt, weder Angst vor noch Ahnung von zu haben,
heißt singen und toben,
in jedem Regentropfen,
am Tag, der nie eintritt.

Gli uomini morti sono i feti della morte
die gestorbenen Menschen sind die Föten des Todes
Curzio Malaparte

Ich schreibe bin / bist / sind auf der Schiefertafel,
ich / du / bin / bist / sind / du / sind / seid.

»Nein, nein«, mischt sich der Lehrmeister Leben ein,
es heißt »ich bin«, »du bist«, manchmal »wir sind«.
Na gut, ich bist / bin / sind bald nicht mehr in seiner Schule
(ich war in keiner Schule gut)
und das Abwischen seiner Schiefertafel hat begonnen.

Dein seiden Blut,
dein totes Blut in meinen Adern
dröhnt wie ein Bergbach,
und wenn wir nicht mehr sind / bin / bist,
dann sind wir es zusammen.

Doch auch jetzt:
es fühlt sich an,
als wärst du da
oder wär ich du

Zwar Wölfe gäb's in großer Schar,
doch »Wer« gäb's nur im Singular.
CHRISTIAN MORGENSTERN, *Der Werwolf*

GESÄNGE DER NEUEN ZEIT

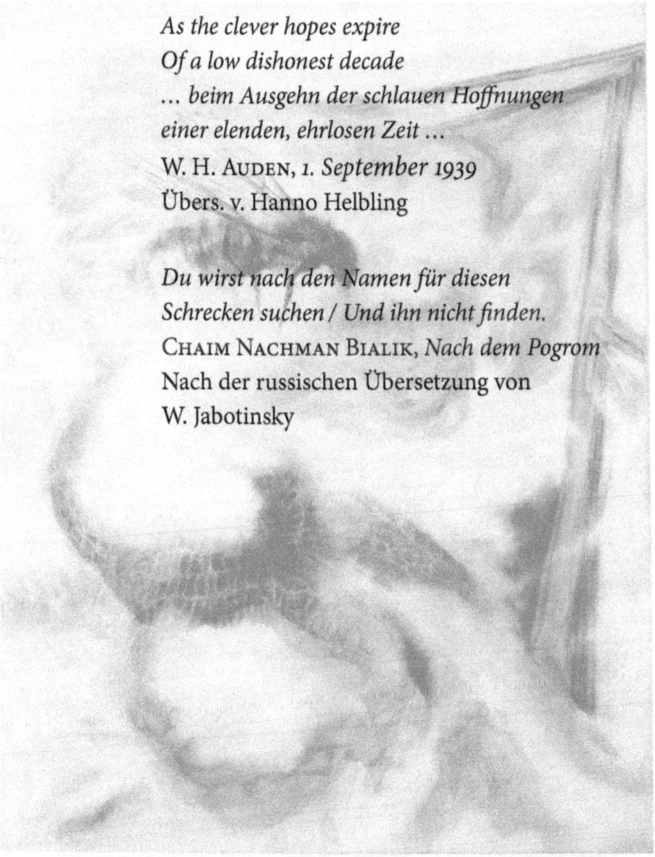

As the clever hopes expire
Of a low dishonest decade
… beim Ausgehn der schlauen Hoffnungen
einer elenden, ehrlosen Zeit …
W. H. Auden, *1. September 1939*
Übers. v. Hanno Helbling

Du wirst nach den Namen für diesen
Schrecken suchen / Und ihn nicht finden.
Chaim Nachman Bialik, *Nach dem Pogrom*
Nach der russischen Übersetzung von
W. Jabotinsky

Trotz schlechter Verbindung sprechend, 2

Einiges blieb, wie es war:
Wenn ich wach werde,
versuche ich, dich und mich
mit der übrigen Welt
in Übereinstimmung zu bringen,
einfach war das nämlich nie,
also ist die Crux nicht,
dass die übrige Welt glaubt,
zwischen tot und lebend zu unterscheiden.

Ob es etwas Neues gibt? Nicht ganz:

Gesänge der neuen Zeit

1.

Knaster rauchen in Seidenpapier,
das weiland
gleichsam als Eisschicht auf einem Rembrandt,
auf Schnapsnasen von Generälen
oder auf einer Darstellung von Genitalien
oder des Sternenhimmels lag.
Ein aus 'nem Buch herausgerissener Nebel
wurde um Knaster gewickelt und
zu schwebenden Schwaden verraucht.
Von meinem Vater zum Beispiel, in Notjahren
(weshalb ich später nur selten auf Seidenseiten traf).
Ist lange her, weit und breit
raucht niemand mehr Knaster in einer Rembrandthülle.
Aber ich kann es riechen.

2. Bahnhöfe, Fenster in die Welt

… jeder Bahnhof riecht anders, wobei
ein jeder Bahnhof Geruchsspuren
von jedem anderen hat, von Pisse,
Marihuana, Kaffee, Zuckerwatte,
von käuflicher oder nicht käuflicher
(dem Geruchssinn ist das egal) Liebe,

von Kinderschweiß, von entnervten Eltern,
rostigem Wasser, Hasenbrot aus der Box,
gebrannten Mandeln und Zimt im Winter,
Staub und Regen im Sommer,
aber wenn du nur zum Umsteigen da bist,
ins Nirgendwo geflohen,
geht es dich auch wieder nichts an.

3.

Manchmal zähle ich unzählige Orte,
wo wir nie, oder nie zusammen, waren.
Manchmal meldet sich einer davon
in den Nachrichten und –

– anstelle des warmen Windes
in den Granatbäumen,
der Lichtschichten der Berge,
der terrakottanen Weingefäße,
der oktogonalen Kirchen
(achteckigen Waben, wie der Dichter sagte)

– menschenleere Marktplätze,
verlassene Tankstellen,
Stühle mitten im Straßendreck,
ein Sonnentag, bestellt und nicht abgeholt,
eine Katze mit Ängsten im Gesicht,
die der Seele urverwandt sind.

Und mein imaginärer,
nostalgischer Tourismus
zerfällt, beschämt.

Так, в Нагорном Карабахе,
В хищном городе Шуше
Я изведал эти страхи,
Соприродные душе.
So habe ich in Bergkarabach,
In der blutrünstigen Stadt Schuscha
Diese Ängste gekostet,
Die der Seele urverwandt sind.
Ossip Mandelstamm (aus dem armenischen Zyklus)

4.

… und auch Orte, wo wir waren …

Ein Mädchen wie eine Seerose im Teich –
im eigenen Blut und Kot.
Das geschwinde Wort P o g r o m im Gleitflug
über die lichtdurchströmte Erde Israels.

ihr Töchter Jerusalems,
seht mich nicht an, dass ich so tot bin,
denn sie haben mich in meinem Weinberg
gekaut und ausgespuckt.
tot bin ich, aber schön.

Das geschwinde Wort P o g r o m
überdröhnt ihre Stimme.

ich beschwöre euch, ihr Töchter Jerusalems,
bei den Gazellen oder bei den Hinden auf dem Felde,
dass ihr lebt.

5.

Weißt du vielleicht, wo ich wohne?,
sage ich ohne Hoffnung.
Klar, sagt sie, die ganze Welt ist ein Bordell
und alle Frauen und Männer gehen hinein
und gehen wieder ab.
Ich sage: Du hast die Zeit, die Bühne,
das Buchregal verwechselt,
sag lieber, wo gehe ich hin?
Sie sagt: Bleib stehen, hör den Wind tanzen.
Ich sage: Lass deine Sprüche, wo gehe ich hin?
Sie sagt: Bleib, wo du bist, erfahre, wie es ist,
nirgends da zu sein

> *»Rogo, inquam, mater, numquid scis ubi ego habitem?«*
> *»Gute Frau, sagte ich, weißt du vielleicht, wo ich wohne?«*
> Titus Petronius Arbiter, *Satiricon*

6. Im dunklen Universum zum Denken? Muss es sein?

Auf 'nem Umschlag-
                    bahnhofs-
                                        vorplatz,
wo es dunkler als dunkel wäre,
bleckten da nicht (wessen?)
Reisebündel, Tränen, Windeln
und Wickel, Koffer, verlorene Zähne,
Brillen, Rasierklingen und Telefone,
grützig wie die Sonne,
durch 'n Sieb hindurchgeschossen –

der Platz wär schneestumm, wär er nicht
– wie aus einem sich weitenden Grammophon –
von Lebenslallen durchtönt.

Was nun: schwingt das Pflaster,
oder zittern »mir« die Zehennägel?
Der Katzenkopf, mit Mäuschenzahn befestigt,
schmilzt mir unter den Füßen weg
wie einem Schwelger Schokolade in der Hölle.
»Ich« werde gleich herunterfa

Wer ist da unten? ist da jemand?
Ahoi? Antwortet mir,
was wäre schlimm daran, zu fallen
Ahoi? was wäre schlimm, zu fa
Antwo
Halt! Wartet! »Ich«

b
i
n
noch nicht ganz bereit
zu denken,
herunterzuf
so zu tun,
als würde ich etwas begrei

Bewusstsein, das im dunklen Universum zum
Denken erwacht.
Pierre Teilhard de Chardin
Übers. v. Othon Marbach

7. Noch einmal der Mond, diesmal rechteckig

… Grasgrannen kratzen am Himmel,
Glaubwürdigkeit der Wälder schrumpft,
Preise der Zypressen steigen,
die Zierpressen drucken wirre Muster,
der Tag ist schroff tagsüber,
aber nachts ist er sanft
und seine Sänfte trägt Botschaften,
auf die kein Verlass ist –

von einem Ziegelstein, der im All rotiert:
beweglicher Werbung für die Ewigkeit,
die keine Werbung braucht –
wie jedes Monopol.
Der einsame Ziegelstein

diktiert »Ziegelsteinbetrachtungen«
dem Ziegelstein.
Und wenn er auf unsere Köpfe herunterfällt,
dann sagen wir, wir dächten, er wäre längst vorbei.
Doch wer sind »wir« –
Vielleicht am Morgen bleibt
nur diese Frage übrig.

8.

nicht nein non no njet ni ne nie
das kann nicht sein – schreit der Hain,
eine Ameise sagt, doch, alles kann sein
und das ist wohl bekannt,
wozu der Schrei.
Der Hain: (*Refrain*),
Wacholder sagt: zu spät, vielleicht jedoch zu früh,
das ganze Licht, die ganze Lust, die Last, die List
und Lissabon – sie fliegen schon
durchs Runzeln Okeanos',
über den scharfen Duft der Austern,
und das Verschmolzene gibt uns täglich Sud,
wir wachen hold.

9. Morgenstund

Das Fadenkreuz ist zerfranst,
die Mannschaft schlürft nicht ganz geheure Brühe,
kaut Olivenzweige, leckt verpfuschte Schöpfung ab.
Der runde Ozean ist fast verbraust,
die Kapitänin gönnt sich das Duschen
unter den golden verwesten Wespen
und drückt den Schalter mit frisch geduschter Hand –
gebiert den neuen Tag.

So wird die hohe Antike wieder lebendig.

»Nehmt eure hohe Antike«, sagte die Elster,
»und steckt sie euch in den Arsch.
Sollen meine Nachfahren zwischen
Ajax, al-Aqsa und Alea iacta est
nicht unterscheiden können,
aber leben!«

Dann schielte sie in ihrer Manier
wie ein Pferd,
ob ich bemerkt habe,
dass sie selbst nur den Klang der Wörter kennt,
aber nicht ihre Bedeutung,
ganz zu schweigen
vom Unterscheiden zwischen Ajax dem Großen
und Ajax dem Kleinen?

Ich tat so, als hätte ich nicht.

10.

Das geschwinde Wort Pogrom
hat eine lange Strecke hinter (und vor) sich,
es verliert unterwegs überall seine Federn,
die vom Abendbrot der Ermordeten,
von warmer Milch
und Challahkrümeln
schimmern.

Trotz schlechter Verbindung sprechend, 3

Darüber sprechen?
Mit dir hätte ich das wohl können.

Die Elster trägt heute einen Ziegenbart.
Die liederliche Luft
zerfleddert ihr die nonnenhaften Federn.
Hier ist einmal mehr der Krieg,
aus dem Kirschbaum schaukeln
Ermordete und Mörder
in den tiefen Flug heraus.
Im fetten Rauch über den schiefen Dächern
folgen sie einer Ziege,
die Rosenstrauß und Brautschleier trägt
und nach dem Namen für den Schrecken sucht,
doch bloß das Blöken findet.
Jahrhunderte erstarrter Schreie derer,
die als trüber Rauch aus der Erde stiegen,
sind gut gestapelt in der Luft,
es passen noch welche.
Ein Spatz, der seine eigene Asche geworden ist,
schwebt die ganze Nacht an meinem Fenster vorbei.
Die Elster blökt vom höchsten Buchenzweig,
und das seit einem Tag und tausend Jahren schon.
Zuckerveilchenfarben bröckelt der hohe Himmel über ihr.

So viele Gruben stieg ich Hand in Hand mit dir hinunter,
nun gibt's dich nicht, und durch die Leere neben mir
brodeln barocke Blutkaskaden.

> *Weine nicht, Sohn Adams,*
> *verdecke deine Augen nicht mit den Händen,*
> *Knirsche mit den Zähnen, Mensch,*
> *Und verschwinde vor Scham.*
> Chaim Nachman Bialik, *Nach dem Pogrom*
> Nach der russischen Übersetzung von
> W. Jabotinsky

Elsterne Keilschrift

1.

Um *der Kreis kreist* zu ratscheln,
flog die Elster von Gilgamesch nach Hiroshima
und etwas weiter
und dann im Kreis zurück,

wo Gilgamesch
am Leichnam des Freundes saß,
bis dessen Nase einen Wurm gebar.

Sie flog im Kreis, sie sah Soldatenhelme
in die Augenhöhlen des neuen Gilgamesch einfließen,
ameisenstraßenähnlich.
Und was ist mit dem Wurm?, dachte sie,
ist da?
noch da?
und schon nicht da?

Der Gilgamesch sitzt da,
die Elster pickt und bringt
(als wäre sie der Rabe oder die Taube)
die Nachrichten von ihm:
noch kein Nasenwurm zu sehen,
und auch der Spiegel ist noch beschlagen.

2.

Die Elster war schon lange nicht mehr da.
Heute saß im Tohuwabohu der Linde,
wo früher Ringeltauben nisteten,
ein Elsterküken mit besorgt aufgeplustertem Kopf,
es regnete, das Küken sagte:
es regnet Mutter.

eine atomare Burgkanone schießt mit falbem Laub
und der Winter zupft sich seine spärlich behaarten
Ohren –

– Vogelbeeren im Schnee, Schnellzug nach Kasan,
eine lange Novelle mit vielem Teetrinken,
vielem Weinen, sie verliert sich im Schnee –

– der Winter zupft sich seine spärlich behaarten Ohren,
heißt es im Netzwerk der Äste mit imaginären Blättern –

– im Wohnzimmer blitzt ein verdunkeltes Zifferblatt auf,
man klebt an seinen Zeigern, sie zucken,
schütteln einen ab –

– imaginäre Äste mit ausgedientem Laub
kratzen dem Winter seine erstarrten Ohren –

Marina Owsjannikowas Halskette

Marina Owsjannikowa, die am 14. März 2022 in eine laufende Nachrichtensendung des russischen Staatsfernsehens mit den Worten »Hier belügt man Sie«, »Glauben Sie der Propaganda nicht!«, und »Russen gegen den Krieg« hereinplatzte, lud auch ein Video mit einem Aufruf zum Widerstand hoch, in dem sie eine Halskette in den Farben der ukrainischen (Blau / Gold) und der russischen (Silber / Blau / Rot) Fahne trägt und sagt, dass ihr Vater Ukrainer, ihre Mutter Russin ist.

Handelnde Personen: Gold, Rot, Ostblau, Silber, Westblau, der Hals.

Rot: Ich liebe dich, o Schwester, Braut,
mir bricht das Herz, dass ich die Wunden deines Halses
mit meinen Stacheln penetrieren muss.
Silber: Du, zarter Hals, was zuckst du,
erhole dich in meinem Nichts,
ersticke.
Ostblau: Geliebte, o wie süß die Sühne ist:
Ich streife dir den Dreck zusammen mit der Haut ab,
und du wirst rein und rot wie Traubengazellen,
wie Aschetauben, und taub wie Unschuld.
Westblau: Nein, du bist nicht Schwester,
du bist Leviathan und Behemoth,
Rot sickert aus deinem Hals
und sagt gegen dich aus.
Gold: Du bist Fuchsräude in meinem Weinberg.

Der Hals: O Nessusschmuck!
Rot: Hör nicht auf Westblau,
du bist seine Geliebte, seine Schwester,
da ist mein Stachel,
sei die neue Judith, Salome,
Ulrike Meinhof und Charlotte Corday,
bring mir sein Herz, es pocht zu stark,
bring seinen Kopf, er denkt zu viel,
vollzieh den Minnedienst.
Silber: Du, perfide Schwester,
du lügst, ich habe dich durchschaut!
Ich war der Held, *ich* hab mich nie gebeugt,
ich war standhaft, und du, o du
verwöhnter Liebling der Tyrannen,
du stehst im Rampenlicht ganz unverdient,
an meiner Stelle!
Der Hals: Ich sage euch, o Brüder, Bräutigame:
mehr sehnen sich die Himmelsreste nach einem Sünder,
der Buße tut,
als nach neunzig und noch mal neun Gerechten,
die der Buße nicht bedürfen.
Gold: Du, röchle deine letzten …
Ostblau: Lügen.
Westblau: Lügen.
Der Hals: Zerspringe, du Kette infelix,
bis zum letzten Röcheln: Zerspringe, lass mich los!
Gold, Rot, Ostblau, Silber, Westblau:
Aus dem weißen Hals und den blauen Adern
triefen Rot und Gold, noch bist du nicht zu retten.
Der Hals: Gelb wie Galle.
Rot wie Tod.

Ostblau wie Posthumbau.
Weiß wie ich weiß von nichts.
Westblau wie Ostblau.
Gold, Rot, Ostblau, Silber, Westblau:
Nur um geknebelt und erwürgt zu werden,
ist auf der Welt der Hals,
kein Hals darf auf Dauer
den Wappenfarben widersprechen.
Der Hals (röchelt): .

Die verkohlte Elster fiel zu meinen Füßen.
Ich nahm sie in die Hand,
und sie zerfiel,

ist jetzt in Windes tausend seichten Küssen,
ist fließend Sand,
ist, was man will.

WOMEN WHO HAVE A PAST oder EXEGI MONUMENTUM

am abend ist der tag ein libellenschwarm,
eine zerfetzte buchseite über einem teich,
nicht lesbar mehr, aber auch nicht löslich.
o immoto dio, mach endlich, was du am tag versäumt hast:
dass ich nie mehr, wen auch immer, missbillige
und *odio* nur im gebet ausspreche, das sowieso nie jemand
hört,
sag demut und geduld, dass sie mich nicht mehr verlassen,
lass sie aus trümmern
libellenden lebens ausströmen,
emani dalla mia vita,
keine ahnung, wie du es hinkriegen würdest,
in deiner starre,
non m'importa più il modo …

Ναί, Κύριε Βασιλεῦ, δώρησαι μοι τοῦ ὁρᾶν τὰ ἐμὰ
πταίσματα, καὶ μὴ κατακρίνειν τὸν ἀδελφόν μου ὅ
ἰῶ ε Ἀμήν.
… dass ich meine Fehler erkenne und meinen
Nächten nicht missbillige …
Gebet von Ephräm dem Syrer

O immoto Dio che odio
fa che emani ancora
vita dalla mia vita
non m'importa più il modo.

O starrer Gott, den ich hasse,
mach, dass weiterhin
Leben aus meinem Leben ausströme
wie auch immer es sei.
Pier Paolo Pasolini, *Hymnus ad nocturnum*

средь дольных бурь и битв
inmitten der Stürme und Schlachten hienieden
Alexander Puschkin, *Gebet von Ephräm dem Syrer*

Keine Rose ist bloß eine Rose, irgendwie doch

1. Wissembourg / Septembre

Eine Rose –
stellvertretend für alle,
eine Rose –
stellvertretend für niemand,
eine Rose –
im schwarzen Wasser der Lauter,
hüpfend
zwischen
Fachwerkbalken,
den Riegeln,
den Streben
und den
Andreaskreuzen,
eine Rose –
stellvertretend für jeden Tag,
an dem ich dir nicht sagen kann:
»Schau, eine Rose hänget in den Fluss« –
was keine Botschaft wäre, sondern Vergewisserung,
dass ich dir was auch immer sagen könne
und du es hören könnest.

… das Ganze zu durchleben, um festzustellen,
dass der Schlaf der Toten in der Tat
niemandes Schlaf ist, Strandgut,
und deine Träume mir nach Strandrecht zufallen –

2. Von jenem Jänner

Der trunkene Rosenkuss im schwarzen Wasser der Lauter –
stellvertretend für jeden Tag,
an dem ich dir nicht sagen kann:
Celan hat im Hölderlingarten gepflückt,
aus dem Rosennichts die Niemandsrose gezüchtet.

wo nichts substanz bekam,
dort wurde niemand spürbar.

Schwimmende Hölderlintürme
hat Celan *sous le pont Mirabeau* geholt.
Hat er sie vor den Nazis gerettet,
die ihm im Schwäbischen und überall
bis an die Kehle gingen?
Zu sich und Heine geholt?
Und *sous le pont Mirabeau?*

Celan in Tübingen* – eingeladen
von der '43 unter Goebbels' Ägide
gegründeten Hölderlin-Gesellschaft –
er stand lange geduldig vor einer falschen Tür:
Klopf, klopf, pallaksch, палач, не плачь, platsch –
bis jemand sich auf die Suche nach ihm begab und ihn
zum richtigen Eingang brachte, an dem es damals
ein Graffito gab:

»DER HÖLDERLIN ISCH ED VERUCKT GWÄ«,**
das die Barbaren von der Stadtverwaltung später weiß
übermalen ließen.

* Diese Geschichte wurde mir von Gregor Laschen erzählt
** Schwäbisch: Hölderlin ist nicht verrückt gewesen.

3. Ins / im Wasser hängend

das Rosennichts im Niemandsschlaf und -traum –
und das ist schon alles, was bekannt ist, von jenem Garten
(wo wir uns treffen?)

Niemand brachte
schwimmende Türme des Neckars unter die Pont Mirabeau
und den Ertrunkenen unter die Türme,
die einsame Luft schwingt
über den Tisch, den Celan vom Fluss Oka
nach Kolchis rudern ließ,
der Ruderknecht knirscht
Worte der Erhängten nach,
Celan ins Ohr –
– die Luft tönt noch von jenem Jahrhundert,
sammelt Kräfte fürs nächste,
schwingt sich über:

sous le pont / sur le pont
unter der Brücke / über der Brücke

под мостом / над столом
unter der Brücke / über dem Tisch

müde weibliche Füße über dem Tisch

Aber *nos amours*? Wie zählst du Liebe unter der Brücke,
eins, zwei, drei wie im Walzer … eins, zwei wie im Marsch …
Durch das Fenster des schwimmenden Turms
hänget im Wasser und schaut aus dem Neckar Celan.

Platsch.

CHOR
Strophe
Ach Heine, Jüdlein arm und blond,
wessen Sense zittert da in der Luft?
– Der Tod, der deutsche, ist männlich, der
mit der Partitur, er bewacht die Nacht-Musik.
Gegenstrophe
Wie elendig ist zu schlafen im Sarg ohne Seiten,
– die Wellen der Seine, ihr Schwefeln fielen in sich,
eine dünne, eine nächtliche Stille,
schwimmt an aus der Bukowina.
Oleg Jurjew
Übers. v. Elke Erb

Vom Tisch, wo das geschah
Paul Celan

Пахнет розами с кладбищ.
Es riecht nach Rosen von Totenackern.
Marina Zwetajewa

Women who have a past oder Exegi monumentum

Zwei alte Frauen in der Bibliothek derer,
die schöner ist,
die erstarrt ist, erstaunt:
Seien ihre unzähligen, seinerzeit gezählten
Stirnperlen und Pfeile durch Muskeln,
ihre Hals- und Fußketten,
ihre Cabochons und Karbunkel
unsterblich?
aber sie selbst?
sei sie von deren müder Jugend ausgeschlossen?
oder von ihr verschlungen?

Sie ist Venedig.
Die andere bin ich.

Du lebst, sage ich ihr,
von deinem Ein- und Ausatmen
schwingt mir der Boden unter den Füßen,
und sie, sie knurrt nur wie ein Löwe,
der einen Bienenstock gefressen hat.
Durch ihre grüngolden verkrusteten Lippen
entfliehen honiglose Bienen aus Brokat,
trieft ihr gläserner Wein,
ihr steinernes Blut
und krümelt gesegnetes Brot –
unbeständig alles wie Schrödingers Möwen,
die über San Marco miauen.

In ihrem Spiegelgrün
blättern ockerne Häuser,
eigentlich Buchrücken,
durch un(oder doch)gezählte Bildschirme
funzeln sie un(oder doch)lesbar.
In ihrem Spiegelgrün
sehe ich keine mich –
nur sie, *die Stadt wie ich*,
auch wenn wir nichts gemeinsam haben,
außer dass unsere Zukunft und Jetzt
Vergangenheit sind.
Es regnet Spiegel –
auf die aus dem Wasser ragenden
selbstvergessenen Telefonbuden,
auf Zentaurenhufgeklirr,
auf von den miauenden Möwen gejagte Tauben,
die Hölderlins Verse gurgeln
und gen Afrika entweichen,
auf die verschwitzten, von rostigen Waffen
gespaltenen Lagunenlaken,
für Dogen und Adria ausgebreitet.
Es regnet Spiegel,
ein fahlgrüner Reiter in jeder Murmel,
dessen Name *es war / es ist / es wird* ist.

In die Dogen-Adria-Ehe
ging sie jedes Mal als Jungfer,
nun poltert die Eheringkette
ihr mit jedem Atemzug, alles schwingt
unter den Füßen ihres maskierten Volks,
und es echoen die Ringe der Pisaner Dogen und die Ringe

der Vermählungen Polens mit dem Baltikum. Ewig
wird Wasser beherrscht und ewig
entrinnt es den Klapperketten dogaler Herrlichkeit.
Im Bücherbruch auf dem Meeresgrund
glätten vermeintliche Jungfern
an den Hüften und Knien ihre Seekarten,
feuergrüne Haare eilen perlend zur Oberfläche,
wo kanalförmig das Leben verläuft, und
è nei vivi la strada dei defunti,
durch die Lebenden führt die Straße der Toten,

und wo kichernde Geister,
die Carlo Gozzi fürs Ausplaudern ihrer Dummheiten plagten,
noch da sind, maskiert als Touristen,
wenn man mich je modisch gekleidet sah,
sagt Gozzi den Geistern,
dann ist das aus Übermut meines Schneiders geschehen,
die Geister zu ihm: *oh, wie zeitgemäß*
sehen Sie heute aus, Signor Gozzi,
Ihr settecento sieht man Ihnen nicht an, wohl
weil Sie jeden Morgen drei Orangen verzehren!
Und Gozzi dazu: Der *Venezianer liebt das Wunderliche,*
in Duemila sind Touristen und Geister dasselbe,
ich habe übrigens eine neue Komödie auf der Bühne:
»Einsamkeit eines niesenden Tintenfisches«.

Ihr spiegelnder Regen fällt ihr zu Füßen,
in jedem Scherbel zappelt ein fahlgrüner Zeiger,
den sie nicht merkt, und ich,
ich habe mir immer nur angeschaut, was ist,
und es in Klängen aufbewahrt,

die dauerhafter sind und höher fliegen
als Schrödingers Möwen über San Marco.

Ein Tintenfisch am Ufer der Verlorenen
niest vor den Füßen des Tintenfischers,
krümmt sich, zuckt,
wie auf dem Bosch-Gemälde um die Ecke,
er hofft, der Tinterfischer würde ihm Eva
aus dem Ockergrün ziehen,
hofft auf einen gemeinsamen boschesken
Tanz der Verlorenen.
Vergebliche Liebesmüh, der Fischer wirft
den niesenden Fang in einen Plastikeimer,
schlurft schnaubend fort, in der Pfanne
wird heute ein einsamer Tintenfisch
mit seinen zarten Tentakeln zappeln, die nicht ganz vergangen
und auf der Leinwand um die Ecke
nach wie vor leben werden,

leben wird auch sie, Venedig,
samt bildschirmenden Geistern,
Schiffern, Studenten, Bäckern,
Lächeln mit Wangengrübchen,
die von den Leinwänden heruntergestiegen sind,
um all das hier zu bewachen.
Karneval ist hier tautologisch,
sie *ist* Karneval,
jeden Morgen reibt sie sich die Augen, sagt,
wow, wie wirklich sich die Luft heute einatmen lässt ----

auch ich,
insbesondere und in der Tat erst dann, wenn
mein Körper sich aufgibt
und Klangsplitter –
die ich, wie ein Galeerensklave die Gischt aus den Wellen,
aus ihm herausschlug
und aufpasste,
dass sie nicht zu grell und doch aufblitzen –,
befreit, sich zusammenfügen und sagen werden:
oh, wie wirklich sich unser Klangraum anfühlt,
ohne mürrische, herrische, nervöse Meisterin ----

È nei vivi la strada dei defunti,
durch die Lebenden führt die Straße der Toten
GIUSEPPE UNGARETTI
Übers. v. Ingeborg Bachmann

Abschied vom Buch

… ein Gedicht ist nie fertig,
wenn es zum endgültigen Text wird,
wird ein Falter, der eben noch flatterte,
zu seinem eigenen Abbild,
einem Papierbeschwerer.
Beim Lesen lebt er wieder.
Nicht immer. Manchmal. Selten.

INHALT

VU NEMT MEN A BISELE GLIK

LA SPERANZA

SPINNWEBEN IM RAUREIF

TOLSTOIS TOD

DER TOD SCHEIDET NICHT, ABER DAS LEBEN

GESÄNGE DER NEUEN ZEIT

WOMEN WHO HAVE A PAST oder EXEGI MONUMENTUM